EST-IL PERMIS

EN CERTAINES CIRCONSTANCES

D'ATTENTER

A LA VIE DU CHEF DE L'ÉTAT?

DIALOGUE

ENTRE

Jules César et Cicéron,

PAR EMER DE VATTEL.

* * *

Extrait des Annexes du 3ᵉ volume d'une nouvelle édition du *Droit des Gens*,
publiée avec un commentaire et des notes de M. le Bar. DE CHAMBRIER.

PARIS,

REY ET GRAVIER, LIBRAIRES-ÉDITEURS,
QUAI DES AUGUSTINS, 45.

1ᵉʳ JANVIER 1837.

IMPRIMÉ CHEZ PAUL RENOUARD,

RUE GARANCIÈRE, N. 5.

AVANT-PROPOS.

Ce Dialogue, il convient peut-être de le dé-
clarer, n'est point un écrit de circonstance,
mais une œuvre de principes, consciencieuse-
ment posés et savamment déduits, comme sont
tous les ouvrages sortis de la plume du célèbre
publiciste qui en est l'auteur. Il est, ainsi que
nous l'avons indiqué sur le titre, extrait d'une
nouvelle édition du *Droit des Gens* que nous
allons publier, avec des augmentations consi-
dérables d'Émer DE VATTEL lui-même, et avec
un commentaire et des notes de M. le baron
DE CHAMBRIER D'OLEIRES, ancien ministre, ancien gouverneur-général de la principauté de
Neuchatel et Vallengin, etc., etc., homme
d'État distingué, publiciste d'un profond savoir et d'un mérite que personne ne conteste[1].

[1] Cette nouvelle édition du *Droit des Gens* d'Emer DE VATTEL,
se composera de 3 vol. in-8 : elle sera mise en vente dans les
premiers mois de l'année.

Nous devons ajouter à ce qui précède que, si nous nous sommes déterminés à mettre dès à présent ce Dialogue remarquable sous les yeux du public, c'est bien moins pour faire connaître notre publication, que pour satisfaire au desir que nous ont manifesté plusieurs personnes très capables d'apprécier la portée de cette sage production ; lesquelles pensent, dans leur sollicitude pour le bien commun des hommes, qu'elle peut efficacement servir à ramener à des sentimens plus dignes d'eux et de notre siècle, ceux que l'anarchie des passions égare au point d'en faire d'audacieux assassins.

C'est pourquoi nous nous abstiendrons de nous étendre ici sur le mérite de notre nouvelle édition du *Droit des Gens* d'Émer DE VATTEL ; persuadés que le peu que nous venons d'en dire suffira pour mettre toutes les personnes que cet important ouvrage intéresse, à même de s'en faire une assez juste idée.

LES ÉDITEURS.

EST-IL PERMIS

EN CERTAINES CIRCONSTANCES

D'ATTENTER

A LA VIE DU CHEF DE L'ÉTAT?

DIALOGUE

ENTRE

JULES CÉSAR ET CICÉRON.

JULES CÉSAR. Hé bien! Cicéron, ces Ides de Mars[1], que vous avez tant célébrées, qu'en dites-vous maintenant? Elles vous ont enfin conduit ici; elles ont fait couler des ruisseaux de sang, et perdu la république.

CICÉRON. J'en conviens, César; mais j'espérais de ce grand jour des suites plus heureuses. Je n'avais point encore assez mauvaise opinion des Romains, pour croire qu'ils ne pussent se passer d'un maître. Je pourrais bien vous dire que j'ai assez reproché aux conjurés de n'avoir pas consommé leur ouvrage,

[1] C'est le jour auquel César fut assassiné dans le sénat.

puisqu'ils épargnèrent Antoine. Mais ils méprisèrent un ivrogne, comme j'ai moi-même ensuite méprisé un enfant. Cet ivrogne et cet enfant, réunis à un imbécille, nous ont accablés. Ils ont triomphé de tout ce qu'il y avait de gens de bien dans l'empire. Je reconnais en cela l'ouvrage des mœurs : la république était trop corrompue pour profiter du bienfait de Brutus.

César. Pouviez-vous attendre rien de bon d'une action si infâme? Au milieu d'une foule de sénateurs que j'avais tirés de la fange, je suis assassiné par des traîtres comblés de mes bienfaits, et qui me devaient la vie!

Cicéron. Ils vous devaient la vie! Hé! quel droit aviez-vous sur la vie de vos concitoyens?

César. Le droit des armes, Cicéron. Ce même droit dont Rome a usé contre tant de peuples vaincus, qu'elle a exterminés ou vendus pour l'esclavage.

Cicéron. Rome était un Etat libre et souverain : elle poursuivait ses ennemis par la seule voie qui reste aux nations, quand elles ne peuvent pas s'accorder. Mais vous étiez citoyen, de même que vos adversaires; vous deviez demander justice et recourir aux moyens que les lois vous présentaient.

César. Fort bien, si les lois avaient encore été

écoutées; mais Pompée les faisait taire dans Rome,
quand il le voulait. Lui et sa faction avaient juré ma
perte. Ils osèrent entreprendre de m'enlever des dignités que le peuple m'avait conférées. Que devait
faire alors un noble courage? Pouvais-je souffrir
que Pompée devînt le maître de tout, et me laisser
égorger comme un agneau? Mes ennemis violaient
toutes les règles pour m'accabler; il fallait bien que
je me misse au-dessus de ces mêmes règles, pour
me défendre et pour protéger mes amis.

CICÉRON. Vous vous êtes mis au-dessus des règles,
pour vous défendre et pour triompher de vos ennemis : Brutus s'en est écarté, pour recouvrer sa liberté et pour délivrer sa patrie d'un tyran : les
choses sont pour le moins égales. De quoi vous
plaignez-vous?

CÉSAR. La différence est grande. J'attaquai mes
ennemis à force ouverte, je marchai à eux, je les
vainquis. Brutus et ses complices reçoivent la vie de
ma clémence; ils acceptent mes bienfaits pour s'ap-
procher de ma personne, et ils m'assassinent lâche-
ment au milieu du sénat, dans un moment où je
suis sans défense, et où je me suis livré à eux par
une élévation de caractère, qui me mettait au-dessus
des vils soupçons. Voilà une action infâme aux yeux
de tous les hommes.

CICÉRON. Mais en quoi faites-vous consister cette

infamie? L'action de Brutus était plus juste que la vôtre. Vous avez taillé en pièces des citoyens, il a poignardé l'oppresseur de sa patrie.

César. Quoi! Vous comparez la victoire d'un grand capitaine, qui triomphe de ses ennemis en bataille rangée, avec l'assassinat commis par une troupe de traîtres?

Cicéron. Je conviens, César, qu'une bataille gagnée a quelque chose de plus grand : elle annonce plus de courage et des talens plus sublimes. Mais nous ne disputons pas du courage et du brillant de la gloire; il s'agit uniquement de la justice, qui est le fondement de la vraie gloire. Vous avez opprimé la liberté de la Patrie : Brutus a prétendu la délivrer.

César. Je vous ai déjà dit que mes ennemis m'avaient forcé à prendre les armes. En me rendant le maître de tout, je n'ai fait que me mettre à la place de Pompée. Il eût été un maître bien plus dur et plus sanguinaire que moi. Vous en êtes convenus[1]; mais laissons pour un moment la justice de mon entreprise. Vous avez trop bien écrit sur le droit et la morale, pour ne pas convenir que la fin seule ne suffit pas pour légitimer une action; il faut encore que l'on n'y emploie que des moyens justes et loua-

---

[1] V. les Lettres de Cicéron à Atticus.

bles. Tous les siècles loueront la vertu de Fabricius, qui, pouvant délivrer sa patrie tout d'un coup et sans péril d'un ennemi dangereux, en écoutant la proposition que lui fit le médecin de Pyrrhus, eut horreur d'un moyen si odieux, et avertit le prince d'être en garde contre ce traître. Si les zélateurs de la liberté avaient pris les armes contre moi ; s'ils m'avaient fait la guerre, je ne me plaindrais pas ; et s'ils m'eussent vaincu, la gloire et la liberté étaient le juste prix de leur victoire.

CICÉRON. Vous commencez à toucher au but. Mais je ne suis pas encore satisfait. Pyrrhus n'avait violé aucun des droits sacrés de la république. En lui faisant une guerre en forme, il usait d'un moyen nécessairement reconnu pour légitime entre les nations, qui n'en ont souvent point d'autre, pour vider un différend dans lequel chaque partie croit avoir le droit de son côté. Or, ce moyen doit être sujet à certaines règles observées de part et d'autre; autrement, il dégénérerait en fureur brutale, et tendrait à la destruction du genre humain, au lieu qu'il ne doit servir qu'à recouvrer son droit. Peut-on appliquer ces maximes à un audacieux qui déchire le sein de sa patrie, et qui ose opprimer la liberté. C'est un parricide, un sacrilège dévoué par la loi aux dieux infernaux : tout est permis contre lui.

César. Hé bien ! que la puissance publique le proscrive, qu'elle le condamne à mourir, et qu'elle invite par des récompenses tout homme hardi à exécuter la sentence. Mais se soumettre à ses lois, concourir aux décrets qui lui défèrent la suprême puissance, qui le comblent d'honneurs et de dignités, pour surprendre sa confiance, et l'assassiner ensuite sans danger; c'est une lâcheté et une trahison, qu'aucun motif ne peut excuser.

Cicéron. Qu'appelez-vous trahison? Eh! tant pis pour le tyran, s'il se laisse tromper. Celui qui ravit à des hommes leur liberté, a-t-il le moindre droit de se flatter qu'ils sont réellement réconciliés avec lui, tant qu'il persiste dans son usurpation? Quelque déférence qu'on lui témoigne, ne doit-il pas penser que ce n'est qu'une soumission forcée, et que les vrais citoyens n'attendent qu'un moment favorable pour le punir, et rentrer dans leurs droits!

César. O Cicéron ! ne voyez-vous pas où porte votre principe? S'il en est ainsi, un ambitieux n'épargnera aucun de ses ennemis. Il fera périr tous les citoyens zélés et pleins de courage, tout ce qu'il croira capable d'attenter à ses jours. Octave et Antoine n'ont que trop profité de la leçon que ma mort leur donnait. Quels principes que ceux qui tendent à autoriser des meurtres sans fin, et à faire rejeter la clémence comme une imprudence impardonnable !

CICÉRON. Vous n'auriez pas voulu, sans doute, régner sur un désert. Mais quoiqu'il en soit, il serait bon qu'il n'y eût point de paix à espérer entre les citoyens et l'oppresseur de la patrie : l'usurpation ne serait pas si facile, et peu de gens oseraient l'entreprendre.

CÉSAR. J'en conviendrai franchement, Cicéron. Hé bien ! tous vos Romains devaient prendre les armes, s'opposer à moi, au lieu de me déférer la dictature perpétuelle ; et si j'avais refusé de rentrer dans l'ordre des citoyens, m'accabler s'ils l'eussent pu. Ils auraient usé de leur droit ; et je méritais de périr, si je me fusse laissé vaincre.

CICÉRON. Cela n'était pas praticable. L'univers était plein de vos légions. Vous aviez séduit le menu peuple ; mais ce qui restait de Romains, ces vertueux citoyens, qui ne pouvaient se résoudre à vivre sous un tyran et qui n'étaient pas en état de vous opposer une armée, que vouliez-vous qu'ils fissent ?

CÉSAR. « Qu'ils mourussent [1]. » Caton leur en avait donné l'exemple. Ce fier Romain est le seul de

____

[1] Imitation des « Horaces » du grand Corneille.

mes ennemis qui m'ait vaincu; il s'est soustrait à mon pouvoir et à ma clémence.

CICÉRON. Oh! Caton a appris de Minos, qu'il n'était pas en droit de disposer ainsi de sa vie, « de « même qu'il n'est pas permis à un soldat de quit- « ter son poste sans l'ordre du général [1]. » Mais quoi! Brutus et Cassius seraient morts libres. C'é- tait beaucoup pour eux, et rien pour la républi- que; elle n'eût pas été vengée.

CÉSAR. Disons mieux. Ils devaient s'opposer hau- tement au décret de mon élévation, haranguer le peuple, l'exhorter à demeurer libre, S'ils eussent succombé dans cette généreuse entreprise, leur mort devenait utile à la liberté; elle eût rendu ma puissance odieuse. Mais dès que tout le peuple, tout l'empire aima mieux se soumettre à ma dicta- ture, que de perpétuer la guerre civile; apparte- nait-il à quelques citoyens de renverser cet arran- gement, et de replonger l'État, par ma mort, dans toutes les horreurs dont elle a été suivie?

CICÉRON. Enfin, César, vous voilà arrivé où je vous attendais. Je suis, dans le fond, du même sen- timent que vous, et je ne me proposais dans mes ob-

---

[1] C'est la raison que Cicéron allègue d'après Pythagore, pour condam- ner le suicide.

jections que de vous faire développer cette notion confuse, ce sentiment par lequel votre grand cœur rejette ces moyens que vous appelez odieux et infâmes; et de vous amener peu-à-peu à convenir que tout ce qui est beau et louable est fondé sur la justice, comme tout ce qui est honteux et détestable est injuste.

CÉSAR. Nous allons changer de parti, Cicéron, et passer réciproquement dans le camp opposé. Cela convient assez à un académicien et à un ambitieux. Les principes de l'un ne sont pas plus fixes que ceux de l'autre.

CICÉRON. Non, César; mes principes ne varient point sur la Justice et sur la Morale. Et maintenant que votre grande ame est rendue à elle-même, vous penserez tout comme moi. Je conviens à présent que l'action de Brutus et de Cassius ne méritait point les louanges que je lui ai données. Mais que vous dirai-je? Zélé républicain, adorateur de la liberté, je regardai comme un fait héroïque celui qui nous rendait ce bien précieux, l'attribut essentiel d'un Romain. J'oubliai mes principes dans ces momens de chaleur, et il ne me vint point dans l'esprit qu'il est des moyens si odieux, si détestables, qu'aucune fin ne peut les légitimer; parce que leur introduction serait plus pernicieuse au genre humain, que tout le bien qu'ils procureraient en quelques occasions particulières ne peut être avantageux. Tels sont le poison et l'assassinat, contre lesquels le plus juste n'a aucune sauve-garde, s'ils ont une fois la vogue. Celui qui assassine un tyran ne lui fait point tort, parce que le tyran a blessé le premier ses droits les plus sacrés, en lui ravissant la liberté; mais il fait injure à tous les hommes, en introduisant, ou en autorisant un procédé si dangereux. La justice universelle qui nous lie à tous les hommes, nous défend de mettre en usage, ou d'autoriser par notre exemple ces moyens pernicieux. L'indignation publique doit faire contre eux la sûreté des gens de bien; et celui qui les emploie doit être traité comme l'ennemi du genre humain. Il ne servirait de rien de dire que l'on ne doit en faire usage que pour une cause juste, et dans un cas de nécessité. Car tout le monde prétendra que sa cause est juste, et qu'il se trouve dans ce cas de nécessité. C'est pour cette raison, que la guerre étant un mal inévitable parmi les hommes, et la guerre en forme étant reconnue pour légitime entre les Nations, quand elles ne peuvent terminer sans elles leurs différends; le Droit des Gens l'assujétit à de certaines règles, afin d'empêcher qu'elle ne devienne un mal sans bornes et sans mesure. Et bien que la guerre ne soit juste que de la part de la Nation qui a le droit de son côté, les lois de la guerre ne sont pas moins sacrées pour elle que pour son injuste ennemi, et elle n'est pas moins obligée à les observer. Ainsi, quoique Pyrrhus eût attaqué injustement la république, il n'était pas permis aux Romains d'employer contre lui le poison ; parce que ce prince se croyant fondé de son côté à leur faire la guerre, eût à son tour mis en usage le même moyen : chaque Nation en eût fait autant, et les calamités de la guerre n'avaient plus de bornes.

César. Je reconnais le prix de ces maximes. Elles doivent être gardées saintement, pour le bien et la sûreté des hommes. Mais est-il bien certain que la nécessité n'y pourra faire une exception ? Et pour me mettre un moment à votre place, un citoyen ne pourra-t-il arracher la vie à un tyran, lorsqu'il n'est aucun autre moyen d'en délivrer la patrie ?

Cicéron. Si l'autorité du tyran n'est pas reconnue solennellement par l'Etat, tout citoyen est en guerre ouverte avec lui, et peut le traiter en ennemi.

César. Cela est sans difficulté. Mais je parle d'un usurpateur, qui, après avoir soumis par la force tous les ordres de la république, abuserait cruellement de son pouvoir, pour se rendre le fléau de sa patrie et pour faire périr les plus vertueux citoyens.

Cicéron. Tout le peuple se soulevera contre ce monstre, d'un commun accord, et détruira l'ennemi public. C'est ainsi que nos pères se délivrèrent de Tarquin.

CÉSAR. Mais si le peuple n'est pas assez fort, ou s'il n'ose l'entreprendre; un généreux citoyen ne pourra-t-il se charger de la cause publique, et surprendre le tyran?

CICÉRON. Je vous l'ai déjà dit, César, les maximes aussi importantes, aussi sacrées que celle-ci, doivent être absolues. Y apporter des exceptions, c'est les anéantir : chacun fera l'exception selon ses idées, ses préventions, ou ses intérêts.

CÉSAR. Je sens la force de cette réponse. Mais il y a ici conflit de devoirs. Un citoyen doit délivrer sa patrie, s'il en a le pouvoir.

CICÉRON. Hé bien! s'il ne peut la délivrer que par un assassinat, il doit juger que la chose n'est pas en son pouvoir. Qu'il se remette lui et sa patrie, entre les mains de la Providence. Qu'il attende d'elle une heureuse délivrance, et qu'il ne l'offense point par un crime détestable. Rien n'est si odieux à ce divin Maître qui gouverne le monde, qui veille au salut des hommes, que toutes ces actions et ces maximes qui attaquent la sûreté publique dans ses fondemens, et qui iraient à bouleverser la société civile. Qu'un particulier se croie en droit de condamner et de tuer un tyran, nul prince, nul Conducteur de la république ne sera en sûreté. Le meilleur prince peut commettre des fautes, ou faire des mécontens; il se trouverait des furieux qui croiraient servir la patrie en le poignardant. De quels troubles ces attentats ne seraient-ils pas suivis? C'est pourquoi le souverain Maître des hommes veut que la personne de ceux qui gouvernent soit sacrée et inviolable, afin que la société soit tranquille sous leur autorité. Car rien n'est si agréable à ce Père commun, que les sociétés civiles [1], que ces établissemens, à l'ombre desquels tout homme peut vivre en paix, s'appliquer à l'étude de la sagesse et cultiver la vertu.

CÉSAR. Mais n'est-ce point par cette même raison qu'un monstre abominable, qui abuse de son pouvoir pour détruire la société, doit être immolé par le premier homme de cœur qui en trouvera l'occasion? On aura peine à croire que c'eût été une mauvaise action de poignarder Phalaris.

CICÉRON. Lorsqu'un tyran viole toutes les règles et foule aux pieds l'humanité, il serait assez inutile de donner des maximes sur la conduite que l'on doit tenir envers lui : le peuple entier, et tout brave citoyen, ne prendra conseil que de son désespoir. Mais en général, vous voyez clairement ce qui établit la différence des moyens secrets et des moyens découverts; de la trahison, et de la force ouverte; ce qui

---

[1] *V.* « le Songe de Scipion. »

doit faire proscrire les premiers, et préférer les seconds. Les uns livrent le sort de l'Etat aux mains du premier fanatique mécontent; le même danger ne se trouve pas dans les autres. Qu'un citoyen courageux prenne des mesures pour s'opposer aux fureurs d'un tyran, qu'il lève l'étendard contre lui: toute la nation pourra le seconder, si elle approuve l'entreprise; ou le réprimer, si elle est contente du Gouvernement, ou si elle aime mieux supporter ses maux, que de s'exposer au danger d'une révolution : elle décidera de son propre sort, ce qui est très juste.

César. Je vous écoute avec plaisir, Cicéron; et je suis charmé de vous voir démontrer qu'un sentiment, que je tirais confusément de la grandeur d'âme, de la noblesse et de l'élévation du cœur, est fondé sur la justice elle-même. Mais l'utilité est le grand mobile de la plupart des hommes; et il vous sera difficile de persuader à bien des gens, qu'il ne leur serait pas avantageux de recourir à ces moyens dans certains cas où d'autres plus honnêtes ne pourraient pas leur servir.

Cicéron. C'est pourquoi il est nécessaire que la haine et l'exécration du genre humain retiennent ces âmes basses. Quant aux âmes d'une autre trempe, elles doivent savoir que le vrai bonheur est inséparable de la vertu, et que, par conséquent, rien n'est véritablement utile, s'il n'est juste et honnête.

indépendamment même de cette maxime, un peu de réflexion suffit pour faire voir qu'il est de la plus grande utilité pour tout le monde, que ces moyens odieux soient généralement proscrits. Un prince qui fait assassiner son ennemi, attente lui-même à sa propre sûreté; il autorise le vengeur de celui-ci, ou tout autre ennemi, à le faire périr à son tour de la même manière. D'ailleurs ces attentats sont sujets à de terribles conséquences; outre qu'ils révoltent tous les hommes, ils entraînent pour l'ordinaire des suites funestes. Catilina était dangereux et redoutable; il méritait certainement la mort. J'étais le magistrat suprême du peuple romain, et chargé de sa défense : toutefois je ne me serais jamais porté à faire poignarder cet ennemi public. J'aimai mieux le foudroyer en plein sénat; et après l'avoir mis en fuite, faire arrêter et condamner ses complices. Muni de l'autorité de notre auguste compagnie, je crus pouvoir, dans un cas si pressant, me mettre au-dessus de quelques formalités; et certes je ne fis rien que de louable, et pour une cause juste et sacrée. Cependant vous avez vu ce qui m'en arriva. Tant il est vrai que les formes sont des choses très respectables dans les entreprises les plus justes. Qu'aurait-ce été, si je me fusse conduit arbitrairement, même en sauvant la patrie?

César. Tout cela est incontestable. Le plus juste

et le plus honnête est en même temps le plus sûr et
le plus utile. Mais si cette maxime est vraie dans la
conduite ordinaire, faudra-t-il encore la suivre dans
ces occasions singulières, où un homme peut, en s'en
écartant, se procurer le plus brillant avantage auquel
un mortel puisse prétendre, je veux dire la grandeur
et la puissance souveraine? Vous savez ma maxime
favorite : « Si jamais il convient de violer la justice,
« que ce soit pour une couronne : dans tout le reste,
« observez-la religieusement[1] ».

CICÉRON. Ah! César, qu'est-ce qu'une couronne
acquise par des voies injustes? Est-elle capable de
répandre une véritable satisfaction dans un grand
cœur? Le sentiment de son injustice, auquel il ne
pourra se soustraire, avilira constamment sa gloire
à ses propres yeux; il empoisonnera toutes les dé-
lices attachées à la puissance. S'il est question d'un
cœur moins élevé, que la crainte soit son frein, il
passerait sa vie en angoisse. Et d'ailleurs, le croyez-
vous susceptible d'un vrai bonheur, dès qu'il ne l'est
pas de perfection et de vertu? Mais vous, César, que
la nature fit si magnanime : si vous aviez mieux con-
nu ce qui convenait à vos sublimes qualités; après
avoir donné quelque chose à la faiblesse humaine,
détruit la cabale de Pompée, et humilié vos enne-

$$\text{Εἰ γὰρ ἀδικεῖν χρή, τυραννίδος πέρι}$$
$$\text{Κάλλιστον ἀδικεῖν· τἄλλα δ' εὐσεβεῖν χρεών.}$$

Ce sont deux vers d'Euripide, que César avait souvent à la bouche.

mis, vous auriez accepté la Dictature pour six mois, remis tout en ordre dans la république, rendu aux lois leur vigueur, fait remplir le sénat de gens de mérite, et ordonné enfin au peuple Romain d'être libre, vous auriez acquis une gloire immortelle et pure, et vous seriez sans aucune exception, à mes yeux et à ceux de l'univers, le plus grand homme que la terre ait jamais nourri.

CÉSAR. O Cicéron ! combien il reste toujours d'imperfection et de faiblesse dans le cœur de l'homme ! J'ai eu quelques droits de me croire au-dessus du vulgaire. Toutes mes inclinations allaient au grand, j'ai exécuté des choses glorieuses, j'ai triomphé ; et ce que j'estime plus encore, j'ai pardonné sans effort, et même avec plaisir, à mes plus grands ennemis. Cependant vous me faites voir que j'ai été la dupe d'une chimère, et que j'ai manqué la vraie et solide gloire, en croyant m'y élever.

FIN.